Seejungfrauen & Wunderwesen des Meeres

Seejungfrauen & Wunderwesen des Meeres

GILLIAN KEMP

Lüchow

Bibliografische Informationen der Deutschen Bibliothek
Die deutsche Bibliothek verzeichnet diese Publikation in der Deutschen Nationalbibliografie; detaillierte bibliografische Daten sind im Internet über http://dnb.ddb.de abrufbar.

First published in 2007
under the title Mermaids & Dolphins
by Cico Books,
20-21 Jockey's Fields
London WC1R 4BW'

in der Verlag Kreuz GmbH
Postfach 80 06 69, 70506 Stuttgart

www.luechow-verlag.de

Umschlaggestaltung: ReclameBüro, München

Umschlagbild und Illustrationen: Jacqui Mair (Kartenränder von Emma Garner)
Übersetzung: Rolf H. Kramer, Weißenfeld/München
Satz: Anja Kramer, Redaktionsbüro Kramer, Weißenfeld/München

Printed in Malaysia

ISBN 978-3-7831-9029-8

Inhalt

SEEJUNGFRAUEN

IN JEDEM STROM, Fluss, Wasserfall, Brunnen oder Teich, in jeder Quelle, in jedem See oder Meer lebt eine See- oder Meerjungfrau, die die Gabe besitzt, in die Zukunft zu schauen. Meerjungfrauen personifizieren die Schönheit und Tücke des Meeres, sie sind übernatürliche Wesen von berückendem Liebreiz. Von der Taille aufwärts erscheinen sie als junge Frauen, von der Taille abwärts als Fisch. Sie sind wohlwollende Göttinnen, die Krankheiten heilen können. Und sie bleiben immer jung und schön, weil sie sich nur mit Ambrosia ernähren, dem geistigen Elixier des Lebens.

Die barbusige obere Hälfte der Seejungfrau symbolisiert die Mutter oder Göttin der Liebe, die Weisheit und das Wissen, die Freundlichkeit und Pflege, die Ernährung und Fruchtbarkeit, den Schutz und das Wachstum. Meerjungfrauen symbolisieren den mütterlichen Bereich in uns, die innere

Stimme der Menschlichkeit und die Leben spendende Kraft, die im Unterbewusstsein jedes Menschen schlummert.

Die Fischhälfte der Meerjungfrau konfrontiert uns mit der Leidenschaftslosigkeit, mit dem kalten Blut der anderen Hälfte dieses Wesens. Dieses Halb-Frau, Halb-Fisch-Symbol zeigt die Attraktion, aber auch die Urängste des menschlichen Lebens. Die Rückkehr ins Wasser ist die Rückkehr in den

Schoß der Urmutter, um die wahre Quelle des Lebens zu entdecken und sich abzuwenden vom falschen Schein, von Betrug und menschlicher Schlechtigkeit hin zu ständiger Liebe und Wärme.

Als halb Mensch und halb Fisch verkörpern die Meerjungfrauen die Einheit, die jeder schon einmal erfahren konnte, wenn er stark genug war, die unendliche geistige Kraft und Weisheit zu suchen.

Die Meerjungfrauen, die in den Legenden und Volkssagen der meisten Völker auftauchen, sind überwiegend Geister der Binnengewässer und nicht Wesen der Hochsee. Der Name Meerjungfrau bedeutet denn auch Seejungfrau im Sinne eines Binnensees. Althochdeutsch „meri", mittelhochdeutsch „mer" oder englisch „mere" bedeutet See. In Ostfriesland heißen auch heute noch die Binnenseen Meer, etwa das Große Meer oder das Bansmeer. Eine Wasserfrau oder Seejungfrau wird schon im „Beowulf", dem ältesten englischen Epos, erwähnt.

Genauso wie Meerjungfrauen gibt es Wassermänner und Wasserkinder, die oft auch als Kinderfische bezeichnet werden. Wasserkinder sehen von der

Taille aufwärts aus wie ein sechs Monate altes Baby oder ein drei Jahre altes Kind und besitzen von der Taille abwärts einen Fischschwanz.

Der Legende nach soll es romantische Hochzeiten zwischen Meerjungfrauen und Wassermännern gegeben haben, ebenso zwischen Meerjungfrauen und Sterblichen, aber wenn eine Meerjungfrau manchmal die menschliche Gestalt annimmt, bringt das generell Kummer und Leid.

Die meisten Sagen folgen drei klassischen Mustern. Im ersten verliebt sich die Meerjungfrau in einen Mann, den sie verführt, das Land zu verlassen und mit ihr im Wasser zu leben. Im zweiten Muster opfert die Meerjungfrau ihr Wasserreich und lebt mit dem geliebten Mann an Land. In beiden Fällen bricht die Verbindung wieder ab und der Mann kehrt an Land zurück oder die Meerjungfrau ins Wasser. Im dritten Muster der Sage verliebt sich ein Wassermann in eine menschliche Frau und gibt sein Element auf, um an Land zu leben. In keinem Fall hält das Glück ewig, der Wassermann kehrt immer ins Wasser zurück. Symbolisch kann daraus abgeleitet werden, dass

es kein dauerhaftes Glück gibt gegen das Unterbewusstsein. Man kehrt immer zurück – in diesem Fall zur Urmutter, zum Wasser.

Manche Wassermänner sehen hässlich und wild aus, andere sind dagegen recht hübsch. Wassermänner werden allerdings seltener wahrgenommen, weil sie anders als Meerjungfrauen nur wenig Interesse am Menschen zeigen. Wassermänner verteidigen Meerjungfrauen mit all ihrer Kraft, sie blasen sofort zum Sturm und schicken das Schiff jedes Seemanns auf den Meeresgrund, der es wagt, eine Meerjungfrau oder einen Wassermann zu verletzen.

Die verschiedenen Meerjungfrauen und Wassermänner leben an unterschiedlichen Orten. Die schottischen und irischen Wasserwesen sollen zwischen Hummerkäfigen leben, die Meerjungfrauen sind wunderschön, haben ganz helle Haut und dunkle Augen, Schwimmhäute zwischen den Fingern und den Schwanz eines Fisches. Die fischschwanzigen Wassermänner haben

helle Augen, grüne Haut, grüne Zähne und sind extrem hässlich. Der rote Nasenknubbel konkurriert mit der knallroten Kappe, die sie tragen, wenn sie an Land schwimmen. Wie bei den Selkies oder Robbenmenschen an den Küsten der Shetland- und Orkneyinseln und um Island und Irland (dort auch Roane genannt) sollen ihre menschlichen Nachkommen mit Schuppen bedeckt sein. Man sagt, dass Wassermänner die Seelen toter Fischer in Seelenkäfigen halten – Hummerkäfigen, die Meerjungfrauen aus Seegras gewoben haben.

Der Legende nach werden Meerjungfrauen und Wassermänner manchmal gefangen und in ihrer Todesangst gezwungen, die Zukunft vorherzusa-

gen oder große Wünsche zu erfüllen. Sie tun das auch, fügen aber wegen dieser menschlichen Unverschämtheit immer einen Unglücksfluch hinzu.

Obwohl die Meerjungfrauen meistens wohlwollend und gütig sind, können sie durch ihre Schönheit Menschen becircen und unter Wasser in den Tod ziehen. Meerjungfrauen sind stolz auf ihre süßen, verzaubernden Stimmen, deren Verlockungen kaum jemand widerstehen kann. Mit Kamm und Spiegel sollen sie auf Felsen sitzen und mit ihrem Gesang Seeleute willenlos machen und in den Tod locken.

Alle Flüsse sind ein Zeichen der schöpferischen Kraft von Natur und Zeit. Sie sorgen für die Fruchtbarkeit und die Bewässerung der Erde und stehen für das Verstreichen der Zeit und für Tod und Vergehen.

Viele Kulturen beteten und opferten an Quellen, Wasserfällen, Bächen, Flüssen und dem Ozean. Baden, Waschungen und das Einsetzen von Blütenkränzen waren Zeichen der Verehrung von Geistern, die den Menschen Heilung und Schutz, den Seeleuten Glück und kranken Kindern Besserung bringen sollten. Der Brauch, eine Münze in einen Brunnen oder in eine Quelle zu werfen, entstand aus dem Glauben heraus, die Wassergötter lebten in prächtigen Schlössern voller Schätze, die immer wieder aufgefüllt werden müssten.

DAS WASSER UM VERGEBUNG BITTEN

Manche Leute beten zur Meeresgöttin, der Mutter der Meerjungfrauen und Wassergeister, und bitten um Vergebung ihrer Sünden und Heilung ihrer Krankheit. Dazu werfen sie ein Stück Brot ins Wasser, verneigen sich vor dem Wasser und sprechen dreimal diese alte Beschwörung:

„Ich komme zu Dir, kleine Wassergöttin,
mit gesenktem Haupt und voller Reue,
Vergib mir, verzeih mir,
und auch Ihr, Ahnen und Vorfahren im Wasser."

Bis ins späte 19. Jahrhundert war der Glaube an die Existenz der Halb-Mensch, Halb-Fisch-Wesen in den Seeleuten und Bauern an der Küste tief verwurzelt. Im Sturm versunkene Küstenstreifen und dauernder Nebel ließen mysteriöse Legenden von Meerjungfrauen, Geisterschiffen und den Seelen von Ertrunkenen entstehen. Die Geschichten reichen von reiner Phantasie bis zu halb-historischen Ereignissen aus einer Zeit, in der die Magie im Leben der Menschen noch einen festen Platz einnahm.

Phönizische Münzen zeigen Mensch-Fisch-Darstellungen, den Fischgott Oannes und Aphrodite mit ihren Begleitern, die halb Mensch, halb Fisch waren. Oannes war der Gott des Wassers und trug einen Fischkopf als Kappe und die Haut eines Fisches als Mantel.

Die isländische Geschichtsschreibung erwähnt ein frühes Dokument über einen vor der Insel Grimsey gefangenen Wassermann.

Von einer im Jahr 1531 in der Ostsee gefangenen Seejungfrau wird berichtet, dass sie Sigismund, dem König von Polen, übergeben wurde. Sie lebte allerdings nur noch drei Tage, während der sie vom ganzen Hofstaat bestaunt wurde. Ein 1717 König George I. von England gewidmetes Buch zeigt das Bild einer Meerjungfrau, der Text lautet:" In der Nähe der Insel Borne oder Boeren im Department von Amboine wurde ein Monster gefangen, das aussah wie eine Sirene. Es war 59 Zoll lang (1,50 m) und hatte die Form eines Aals. Es lebte noch vier Tage und sieben Stunden an Land in einem Fass voll Wasser. Von Zeit zu Zeit stieß es kleine Schreie aus wie die einer Maus. Es hat nichts gegessen, obwohl ihm kleine Fische, Muscheln, Krabben, Hummer und vieles mehr angeboten wurde." „*The Gentleman's Magazine*" berichtet im Januar 1747 über eine Meerjungfrau im Fluss Devron, „die vom Rumpf aufwärts die Form eines menschlichen Körpers besaß, vom Rumpf abwärts aber eindeutig ein Fisch war …"

Sechzig Jahre später schreibt „The Shipping Gazette", ein Seemann habe eine Meerjungfrau gesehen: „Die Figur einer Frau mit vollen Brüsten, dunkler Haut, hübschem Gesicht".

Ein altes Seemannslied, in dem das Schiff auf den Grund des Meers sinkt, geht so:

> „Eines Freitagmorgens, als wir Segel setzten,
> und unser Schiff noch nicht weit vom Land,
> sahen wir ein wunderhübsches Mädchen,
> mit einem Kamm und Spiegel in der Hand."

DELFINE

Durch uralte Legenden und Erzählungen ist der Delfin zu einem Symbol des Menschenfreundes und Retters aus der Not geworden. Außerdem glaubte man, dass Delfine im Besitz übernatürlicher Kräfte wären und vieles mit dem Menschen gemein hätten.

Delfine und Tümmler gehören zu den Walen und sind Säugetiere, die ins Wasser zurückgekehrt sind. Sie existieren seit 43 Millionen Jahren und haben äußerlich die Form eines Fisches angenommen, aber statt Kiemen ihre Lungen behalten und gebären ihre Jungen wie andere Säugetiere.

Da Delfine sich sowohl an tropische als auch an polare Wassertemperaturen angepasst haben, finden sie sich in allen Meeren der Welt und auch in großen Flüssen. Der Delfin wurde wegen seiner platten Schnauze früher auch Meeresgans genannt. Weil Delfine ein ähnliches Sonarsystem wie Fledermäuse besitzen, sind sie nicht unbedingt auf ihre Augen angewiesen. Sie senden eine Folge von Klick- und Pfeifgeräuschen aus, die auf ein Ziel treffen und von dort als Echo zurückkehren. Aufgrund des Zeitunterschieds zwischen Aussenden des Signals und Empfangen des Echos kann der Delfin die Entfernung, die Form und die Substanz des Objektes oder der Beute bestimmen.

Kein Lebewesen des Meeres, außer vielleicht den Meerjungfrauen, ist so romantisch verklärt worden wie der Delfin. Die Griechen haben ihn sogar zum Symbol des Meeres schlechthin erkoren. Ob nun durch Instinkt oder aufgrund von Verständnis und Intelligenz, Delfine wie der Große Tümmler haben nachgewiesenermaßen Menschenleben gerettet, indem sie die Verunglückten zum Ufer geschoben haben. Delfine sind zwar nur ein kleiner Teil der großen Walfamilie, aber gerade sie sind berühmt für ihre Klugheit und Freundlichkeit, für ihr Vergnügen, Schiffe über weite Strecken zu begleiten und dabei die erstaunlichsten Tricks vorzuführen.

Von Apollo glaubt man, er habe die Form eines Delfins angenommen, um die Kreter nach Delphi zu bringen, wo sie ihm zu Ehren einen Tempel bauten. Apollo Delphinus heißt „Gott der Delfine“, obwohl nicht ganz sicher ist, ob Delphi tatsächlich mit dem Delfin zusammenhängt.

Der Delfin ist überall beliebt und begehrt. Er war ein Freund des Meeresgottes Poseidon, für den er seine Frau Amphitrite fand. Mit Delfinsymbolen wurden bei Pferderennen früher die Runden angezeigt, die die Pferde zurückgelegt hatten. Mit dem Delfin verbindet sich auch die Vorstellung des Ankers, dem Symbol der Errettung. Unsere Vorfahren hielten ihn für den wendigsten Meeresbewohner und machten ihn zum Symbol der Nächstenliebe.

Die römische Göttin Venus, die der griechischen Göttin Aphrodite entsprach und wie diese aus dem Schaum des Meeres geboren wurde, wird mit Delfinen dargestellt. Etruskische Grabkunst stellt Delfine dar, die die Seelen der Toten ins gesegnete Jenseits tragen. Eine antike griechische Münze von der Insel Lindos aus der Zeit von 560 bis 520 v. Chr. zeigt ebenfalls einen Delfin.

In der Heraldik erscheint ein mit Fischschuppen bedeckter Delfin auf den Waffen des französischen Dauphin, des Thronerben. Die Worte auf seiner Rüstung „Ad usum Delphini" bedeuten „zum Gebrauch des Kronprinzen". Die Darstellung eines nach oben zeigenden und eines nach unten gerichteten Delfins ist ein Symbol für das kosmische Gesetz von Kraft und Gegenkraft, von unten und oben, von Ausgleich, Gleichheit und Gleichgewicht.

Aristoteles (384–322 v. Chr.) war der Erste, der feststellte, dass Delfine Säugetiere und keine Fische und dass sie möglicherweise dem Menschen ähnlich sind. Die Griechen sahen in der Zutraulichkeit der Delfine zum Menschen ein Zeichen des guten Willens des Meeresgottes Poseidon.

WIE SIE DIE KARTEN LEGEN

Hier finden Sie die für Sie beste Methode, um die Karten zu legen. Wenn ein anderer die Karten legen möchte, sollte er sie selbst mischen und auch selbst ziehen.

1 DER MAGISCHE MAGNETISCHE POLARSTERN

Die Kartenauslegung nach dem magischen magnetischen Polarstern gibt Antwort auf jede Frage nach Ihrer Zukunft. Folgen Sie dem Stern und Sie werden Ihre Bestimmung finden. **Karte 7** enthält die wichtigste Offenbarung. Die anderen sechs Karten repräsentieren die Vergangenheit, die Gegenwart und den Weg in die Zukunft, der zu der siebten Karte führt. Wie ein Kompass, der immer auf den magnetischen Nord- oder Südpol zeigt (je nachdem, auf welcher Hälfte der Erdkugel man sich befindet), so führt auch alles auf **Karte 7** hin.

Mischen Sie die 52 Karten und konzentrieren Sie sich dabei auf Ihre Frage. Breiten Sie die Karten mit dem Bild nach unten gleichmäßig aus, in einer Reihe

oder in einem Bogen, so dass jede Karte die gleiche Chance hat, gezogen zu werden. Wählen Sie jetzt die sieben Karten aus, zu denen Sie sich hingezogen fühlen. Legen Sie jede Karte mit dem Bild nach unten in der Reihenfolge ab, in der Sie sie aufgenommen haben.

Schieben Sie die verbliebenen Karten zusammen und legen Sie sie beiseite. Decken Sie die ausgewählten Karten auf.

Karte 1 steht für die Vergangenheit, die zu der jetzigen Situation geführt hat. (Vergangenheit)

Karte 2 repräsentiert die Gegenwart, die aus Karte 1 entstanden ist. (Gegenwart)

Karte 3 sagt die unmittelbare Zukunft voraus, die sich aus Vergangenheit und Gegenwart entwickelt. (unmittelbare Zukunft)

Karte 4 zeigt, wie Sie jetzt am besten handeln.

Karte 5 beschreibt die Einflüsse um Ihre Frage.

Karte 6 zeigt die Kräfte, mit denen Sie es zu tun haben.

Karte 7 offenbart die Antwort auf Ihre Frage, die sich aus den vorherigen sechs Karten ergibt. (Antwort)

2 DIE FLUTWELLE

Zweimal am Tag kriecht das Meer sechs Stunden langsam am Strand herauf und sechs Stunden lang wieder hinunter. Wann immer der Mond über dem Meer aufgeht, zieht er das Wasser an. Das Ergebnis ist die Flutwelle.

Um die Auswirkungen der Flutwelle zu bestimmen, ist die Mittelkarte in jeder Reihe wichtig – die **Karten 2, 5, 8** und **11**. Sie geben die wichtigste Antwort auf Ihre Frage. Die Karten auf beiden Seiten der Flutwellen-Karten sind weniger wichtig für die Aussage.

Mischen Sie den Kartenstapel und konzentrieren Sie sich dabei auf Ihre Frage. Fächern Sie die Karten mit dem Bild nach unten auf oder breiten Sie sie in einer Reihe aus. Wählen Sie 12 Karten aus, während Sie sich auf Ihre Frage konzentrieren.

Legen Sie jetzt die Karten mit dem Bild nach unten in der Reihenfolge ab, wie auf der gegenüber liegenden Seite gezeigt. Legen Sie die restlichen Karten beiseite.

Drehen Sie alle ausgewählten Karten mit dem Bild nach oben. Lesen Sie jede Reihe: Vergangenheit **Karten 1, 2** und **3**, Gegenwart **4, 5** und **6** und die Zukunft **7, 8** und **9** und ebenfalls **10, 11** und **12**. Zum Schluss lesen Sie alle Flutwellen-Karten zusammen, um die spezielle Antwort auf Ihre Frage zu bekommen.

10
11
12
Zukunft
7
8
9
Zukunft
4
5
6
Gegenwart
1
2
3
Vergangen-
heit

3 DIE JA- ODER NEIN-ANTWORTEN DER WASSERGEISTER

Während Sie sich auf Ihre Frage konzentrieren, mischen Sie die 52 Karten mit dem Bild nach unten und teilen sie auf fünf Stapel auf. Nehmen Sie die unterste Karte von jedem Stapel und legen Sie sie so ab, wie unten gezeigt. Schieben Sie die übrigen Karten zusammen und legen Sie sie beiseite. Drehen Sie die fünf ausgewählten Karten mit dem Bild nach oben.

Karten 1 und **2** zeigen die Vergangenheit, die zur Gegenwart geführt hat.

Karte 3 beschreibt die Gegenwart.

Karten 4 und **5** offenbaren die Zukunft des Problems und geben die Ja- oder Nein-Antwort auf Ihre Frage.

1

2

3

4

5

4 WECHSEL DER GEZEITEN

Das Auslegen von „Wechsel der Gezeiten“ gibt Antwort auf eine Ja- oder Nein-Frage. Mischen Sie die Karten mit dem Bild nach unten und konzentrieren Sie sich auf Ihre Frage. Fächern Sie die Karten auf oder legen Sie sie in einer Reihe ab, Bild nach unten. Wählen Sie drei Karten aus und legen Sie sie mit dem Bild nach oben in der Reihenfolge ab, in der Sie sie ausgewählt haben, Positionen wie unten gezeigt. Schieben Sie die restlichen Karten zusammen.

Alle drei Karten können einzeln oder in der Kombination eine Ja- oder Nein-Antwort auf Ihre Frage geben. Die positive Kraft der **Karte 3** zeigt an, wie deutlich die Ja-Antwort ausfällt.

5 DIE VIER GEZEITEN

Zweimal am Tag gibt es Ebbe und Flut. Dieses Kartenbild offenbart Ihre unmittelbare Zukunft und gibt auch Antwort auf eine Frage, die Sie bewegt.

Mischen Sie die Karten mit dem Bild nach unten und teilen Sie den Packen dreimal mit Ihrer linken Hand. Legen Sie die oberen vier Karten in der Reihenfolge ab, in der sie gezogen wurden. Drehen Sie die Karten mit dem Bild nach oben.

Karte 1 zeigt den Beginn der fraglichen Angelegenheit.

Karte 2 repräsentiert den Wendepunkt.

Karte 3 offenbart die Hindernisse, die Ihnen im Weg stehen.

Karte 4 gibt Ihnen die Antwort auf Ihre Frage.

6 Ebbe und Flut

Für die Antwort auf eine Einzelfrage mischen Sie die Karten mit dem Bild nach unten und legen die obersten sieben Karten in eine Reihe. Drehen Sie die erste, vierte und siebte Karte zur Antwort auf Ihre Einzelfrage mit dem Bild nach oben. Die zweite, dritte, fünfte und sechste Karte zeigen vier Dinge, die in den nächsten vier Wochen passieren.

1 2 3 4 5

6 7

7 STILLE WASSER GRÜNDELN TIEF

Schweigsame Menschen sind gründliche Denker. Beim „Stille Wasser gründeln tief" geben zwölf ausgebreitete Karten die Antwort auf eine tiefgründige Frage, die Sie bewegt und auf die Sie gerne eine Antwort hätten.

Mischen Sie den Kartensatz und legen Sie die ersten zwölf Karten mit dem Bild nach unten wie auf der Illustration ab. Die restlichen Karten schieben Sie beiseite. Drehen Sie die ausgewählten Karten mit dem Bild nach oben. Nacheinander gelesen geben die Karten die Antwort auf Ihre Frage.

10
11
9
12
8
1
7
2
6
3
5
4
49
Der Wasserspringer
5
Die Nixe
41
Der Nordkaper
2
Königin Amphitrite
15
Die drei Rheintöchter
26
35
Der Narwal
31
Der Buckelwal
29
Der grosse Tümmler
19
Der Kelpie
10
38
Der Krake

8 Das Schönheitswasser

Für die Schönheit seiner Geliebten Fair Star soll der englische Sagenprinz Cery eine Flasche perlendes Schönheitswasser von einem Wasserfall geholt haben, der mitten in einem brennenden Wald lag und nur durch einen unterirdischen Gang erreicht werden konnte.

Sprudelndes Mineralwasser ist ein Schönheitswasser, das Frauen verzaubert. Wenn Sie eine Frage stellen, werden Sie erfahren, ob Ihre Zukunft in Liebesdingen gut aussieht.

Mischen Sie die Karten mit dem Bild nach unten und konzentrieren Sie sich dabei auf Ihre Frage. Legen Sie die Karten in eine Reihe oder in Form eines Fächers, um acht Karten auszusuchen. Die ausgewählten Karten legen Sie mit dem Bild nach unten in die Form auf der nächsten Seite. Drehen Sie die ausgewählten Karten um.

Wenn die Karten von Poseidon und Amphitrite in der Auslegung erscheinen, kann nichts verhindern, dass Ihre Liebe wahr wird. Je näher die Karten beieinander liegen, desto schneller erfüllt sich Ihr Liebeswunsch.

Wenn entweder Poseidons oder Amphitrites Karte allein erscheint, bedeutet es ebenfalls, dass sich Ihr Wunsch erfüllen kann. Je näher die Karte dann an **Karte 1** liegt, desto schneller naht die Erfüllung.

Es ist nicht unbedingt ein schlechtes Zeichen, wenn weder Poseidon noch Amphitrite erscheinen. Wenn die Karten in der Mehrzahl günstig sind, sieht es gut aus für ein glückliches Liebesleben, besonders wenn **Karte 8** positiv ist. Sollten die ausgesuchten Karten weniger günstig sein, wird der Liebeswunsch verzögert oder nur zum Teil Wirklichkeit. Wenn **Karte 8** negativ ist, sollte Ihr Interesse sich besser einem neuen Liebhaber zuwenden.

Karte 1 zeigt Ihre gegenwärtige Situation.
Karte 2 gibt einen Anhaltspunkt zu den Umständen um Sie herum.
Karte 3 zeigt, welche Umstände zu der jetzigen Situation führen.
Karte 4 zeigt die Vergangenheit.
Karte 5 beschreibt die Zukunft.
Karte 6 offenbart, welches Ereignis naht.
Karte 7 zeigt die Einflüsse auf Sie.
Karte 8 prophezeit das Ergebnis.

9 Die zehnte Welle

Eine neue Erkenntnis besagt, dass Wellen nach dem Gesetz der Serie immer größer werden, bis mit der zehnten Welle der Höhepunkt erreicht ist und die Serie von neuem beginnt. Zwei zusammentreffende Wellen bilden dann zwar eine größere Welle, unterbrechen aber nicht diese Zehnerreihe. Die Auslegung der zehnten Welle offenbart Ihnen, was die nächsten zehn Tage bringen.

Mischen Sie die Karten und legen Sie sie dann mit dem Bild nach unten in einer Reihe oder als Fächer aus, um zehn Karten auszuwählen. Legen Sie die Karten mit dem Bild nach unten wie im rechten Diagramm ab. Schieben Sie die restlichen Karten beiseite. Drehen Sie die Karten um.

Karte 1 zeigt Schwierigkeiten oder eine unruhige Zeit, die Ihnen bevorsteht.

Karte 2 sagt, wie erfolgreich Sie sind beim Durchsetzen Ihrer Wünsche.

Karten 3, 4, 5, 6, 7, 8, 9 und **10** präsentieren Ihnen Ihre Zukunft.

9
10
2
5
6
1
3
8
7
4

10 Der Wunsch der sieben Meere

Mischen Sie die Karten und legen Sie jede siebte Karte mit dem Bild nach unten in eine Reihe. Schieben Sie den restlichen Stapel beiseite und decken Sie die sieben Karten auf. Lesen Sie die Karten in der Reihenfolge, in der Sie sie ausgewählt haben.

Karte 7 zeigt eindeutig, ob Ihr Wunsch in Erfüllung geht.

7

5

6

1

2

3

4

DIE KARTEN

Nach dem Gründeln in der Tiefe wie eine Meerjungfrau oder ein Delfin kommen Sie vielleicht mit der richtigen Antwort zurück an die Oberfläche und schwimmen dann in der warmen Sonne des Tages.

DIE HERRSCHER DES MEERES

UND IHRE MAGISCHEN WESEN

Meerjungfrauen, Delfine und all die anderen Wesen in den Gewässern der Erde werden beherrscht von Poseidon, der männlichen Personifikation des Meeres. Er war der wichtigste Meeresgott der Griechen und verdient es, der König des Kartenspiels zu sein. Sein römisches Pendant war Neptun. Poseidon wurde von den Athenern so sehr verehrt, dass sie ihm gleich neben ihrer Stadt einen prachtvollen Tempel bauten, dessen Überreste heute noch stehen. Sie glaubten, dass Poseidon mit seiner Frau Amphitrite, der Tochter von Oceanus, auf dem Grunde der See in einem herrlichen Palast lebte. Amphitrite war für die Griechen ebenfalls eine bedeutende Gottheit und ist deshalb die Königin der Karten.

Das griechische Wort Poseidon bedeutet „Herrscher oder Gebieter", zum Zeichen seiner Macht trägt Poseidon einen Dreizack, der einen Blitz symbolisiert. Mit einem einzigen Schlag soll er das Pferd erschaffen haben, das Symbol einer sprudelnden Quelle.

Poseidon beherrscht alle Meere der Welt. Durch seine Macht kann schon ein Grummeln von Poseidon die Erde erschüttern. Wenn er sich in rasender Wut erhebt, erscheinen alle Ungeheuer der See, um ihm zu huldigen, und sein goldener Streitwagen rast in wildem Tempo über das Meer.

Poseidons Frau Amphitrite ist die weibliche Verkörperung des Meeres. Als Poseidon um ihre Hand anhielt, lehnte sie zunächst ab und flüchtete, so dass Poseidon einen Delfin losschickte, um sie zu suchen. Nachdem der

Delfin Amphitrite gefunden und zu Poseidon zurückgeführt hatte, wurde er belohnt und erhielt seinen eigenen Platz im Himmel.

Amphitrite und Poseidon lebten in der Tiefe der Ägäis in einem goldglänzenden Palast, und ihr Glück sollte für die Ewigkeit sein. Ebenfalls ewig währte Poseidons Untreue. Eines Tages übermannte Amphitrite die Eifersucht und sie verwandelte Scylla, die Geliebte ihres Mannes, in ein grässliches Ungeheuer, indem sie magische Kräuter in den Teich warf, in dem Scylla gerade badete (siehe Karte Nr. 47: Scylla & Charybdis).

Manchmal begleitete Amphitrite Poseidon in seinem Streitwagen, der von pfeilschnellen Rössern mit goldenen Mähnen und bronzebeschlagenen

Hufen gezogen wurde. Sie blies dann in ein Muschelhorn und trug seinen Dreizack.

Wie Poseidon und Amphitrite verkörpern auch die Meerjungfrauen die Schönheit und Tücke des Meeres. Delfine, Wale und Tümmler sind Säugetiere, die ins Wasser zurückgekehrt sind, und wie Poseidon, Amphitrite und die Meerjungfrauen die Rückkehr ins Unterbewusstsein symbolisieren. Die Delfine mit ihrem Sonarsystem haben eine außergewöhnliche Kommunikation entwickelt und sind dem Menschen sehr ähnlich, sie sind Säugetiere, leben aber in der Welt des Meeres. Wie Menschen, Poseidon und Amphitrite sind auch Meerjungfrauen und Delfine wollüstig. Diese Karten zeigen Ihnen die Welt des Wassers mit ihren magischen Geschöpfen. Die Karten offenbaren Ihnen, was auf dem Grund des tiefblauen Meeres und Ihrer Seele auf Ihre Entdeckung wartet.

1 KÖNIG POSEIDON

Schlüsselwort: Allumfassende Kraft

König Poseidon ist eine gute Karte für Sie. Sie prophezeit, dass Sie aufgrund Ihrer positiven Energie, Kreativität, Intellektualität und Willenskraft Ihre Ziele erreichen. Poseidon warnt aber davor, das Fingerspitzengefühl zu verlieren und ständig von irgendjemand oder irgendetwas rastlos davongetragen zu werden. Ihre Glückssträhne wirkt sich positiv auf Ihre Finanzen aus. König Poseidon empfiehlt Gelassenheit, damit Sie und die Situation um Sie herum ruhig bleiben. Wenn Sie Ihre Energien erneuert haben, können Ihre Hoffnungen wahr werden. Ein kommendes Vergnügen wird zu einem kleinen Abenteuer mit einem lang anhaltenden Effekt.

2 KÖNIGIN AMPHITRITE

Schlüsselwort: Weibliche Weisheit

Amphitrite, die Königin der weiblichen Intuition, symbolisiert die geistige Aktivität. Das ist eine positive Karte für Sie. Die Welle, auf der Sie reiten möchten, wird leichter zu meistern sein, wenn Sie selbst die Reise genießen wollen, so wie es Amphitrite tat, als der Delfin sie zu ihrem Geliebten zurückbrachte. Ihr Leben wendet sich zum Besseren, Probleme sind weggefegt. Der Weg vor Ihnen ist einladend, aber auch herausfordernd. Zeigen Sie Flagge und grübeln Sie nicht. Impulsivität kann genauso hinderlich sein wie der Versuch, jetzt übertrieben gefasst zu sein. Sie werden herausfinden, was unter der Oberfläche vor sich geht. Danach geht das Leben seinen ruhigen Gang.

3 Der Triton

Schlüsselwort: Beherrschung

Die Zeit ändert sich. Etwas kommt zu einem Ende, wird nicht länger diskutiert oder das widersprüchliche Verhalten einer Person klärt sich. Triton, der Sohn Poseidons und Amphitrite, bläst auf der Schneckenschale, seinem Tritonhorn, um die Wellen zu beschwören und die aufgeregte See zu beruhigen. Er verspricht Erfolg in Ihrer laufenden Angelegenheit und sagt Ihnen: Fürchte nichts! Wenn Sie mit ruhigem Wind weitersegeln, erreichen Sie Ihr Ziel und innere Gelassenheit. Triton verkörpert das Brüllen des Meeres, sorgt aber auch dafür, dass die Wassermassen sich nach einer Sturmflut wieder zurückziehen. Glückliche Tage und ein sicheres Ufer liegen vor Ihnen.

4 Der Neck

Schlüsselwort: Begeisterung

Der Neck, ein wohltätiges, liebenswertes, lustiges Wesen, verspricht Ihnen Spaß und Freundschaft. Ihr soziales Umfeld erweitert sich und bringt Ihnen große Gelegenheiten. Eine Liebesbeziehung übersteht eine Prüfung und endet in einer glücklicheren Phase, die für beide Seiten harmonisch und heilsam ist. Sie treffen eine entscheidende Person, wenn Sie auf der Suche sind nach neuen kreativen Ideen in Karriere oder Hobby. Eine enge Freundschaft kann sich mit jemandem entwickeln, der in Ihrer Nähe lebt, dafür treffen Sie jemanden seltener, der weiter weg oder sogar im Ausland wohnt. Etwas Angenehmes regt Ihren Geist an und lässt Sie fröhlich sein.

5 Die Nixe

Schlüsselwort: Vielseitigkeit

Die Nixe ist eine Bewohnerin der Brunnen und symbolisiert die Seele und die Weiblichkeit, sie prophezeit Erfolg, wenn man das Beste aus sich macht. Wie im Spiegel des glasklaren Wassers müssen Sie sich genau analysieren, um alle Kraft zu mobilisieren. Die Nixe kann jede Gestalt und Form annehmen, genauso müssen Sie sich neu finden und Ihre Angelegenheiten neu organisieren. Körperlich oder gefühlsmäßig werden Sie eine neue Verbindung entdecken, der Brunnen ist ein Symbol für die Silber- oder Astralschnur, die den Körper mit der Seele verbindet. Ein Leben voller Abenteuer, Aufregung und Romantik stillt Ihren Durst nach höherer Erkenntnis.

6 Das Wasserkind

Schlüsselwort: Aufnahmefähigkeit

Wissend, dass Sie in der rauen Welt verletzlich sind, rät Ihnen das Wasserkind, stets vorsichtig zu sein, damit Sie immer sicher dorthin gelangen, wohin Sie gehören im Leben. Möglicherweise sind Sie in einer Situation, in der Sie einen Menschen durchschauen müssen, der lügt, um Sie ausnutzen zu können. Wenn Sie erst einmal die Wahrheit erkennen, hat diese Person jeden Einfluss auf Sie verloren. Weil Sie intuitiv die Wahrheit spüren, wird Ihr Innerstes fröhlich dem Wechsel zustimmen. So weiterzumachen wie bisher würde Ihrer Überzeugung widersprechen. Projekte, auf die Sie sich konzentrieren, bringen den großen Lohn, den Sie sich wünschen.

7 DIE NYMPHE

SCHLÜSSELWORT: Scharfblick

Irgendjemand liebt Ihren Charme, aber auch den Charme anderer. Wie die gutmütige Nymphe können auch Sie durch jemanden gefährdet sein, der Ihnen eine trügerische Show vorspielt. Der Falschspieler wird am Boden zerstört sein, wenn Sie erst einmal erkennen, was er wirklich will. Er wollte sich nämlich in Ihrem Licht sonnen, aber jetzt dämmert nur für Sie ein neuer Tag. Sie haben die Kraft, einen Zustand zu beenden. Sie werden nichts verlieren, was für Sie wichtig wäre, und Sie werden Erfolg haben, wenn Sie an Ihren ursprünglichen Plänen festhalten. Man schlägt Ihnen eine Reise vor und Ihre geheimsten Wünsche kommen in greifbare Nähe.

8 DIE SITH-MEERJUNGFRAU

SCHLÜSSELWORT: Bewegung

Die gebündelte Kraft des Lichts unterstützt Ihr Leben, und Gebete und Zauberformeln vertreiben die Dunkelheit. Die Sith-Meerjungfrau ist ein gefährlicher feenhafter Buhlteufel, der dem Mann beim Geschlechtsverkehr Blut aussaugt. Die Sith steht für menschliche Vampire, die im Leben alles negativ sehen und anderen Menschen die positive Energie stehlen, um ihre eigene Zerstörungswut wieder aufzuladen. Nur wenn Sie einen klaren Kopf behalten, können Sie verhindern, Ihre täglichen Aufgaben zu vernachlässigen und Ihre langfristigen Ziele aus den Augen zu verlieren. Prüfen Sie auch, wie viel Hilfe Sie von jemandem annehmen können, ohne ihn über Gebühr zu strapazieren.

9 DIE BÖRSE DER JUNGFRAU

SCHLÜSSELWORT: Geburt

Erwarten Sie das Aufwachen der Natur und den Beginn eines großartigen neuen Lebens. Was nicht zu existieren scheint, kann doch Wirklichkeit sein, so wie die Fische aus der geschlossenen Hülle der Fischeier wachsen, die von den Wellen des Meeres leer an den Strand gespült werden. Die Börse der Meerjungfrau ist ein Speicher neuen Lebens und beinhaltet die Lebensenergie und die mystische Heilkraft für alle Bereiche der täglichen Routine. Sie ist ein Sinnbild für Unsterblichkeit und die Hoffnung für ein Leben danach. Ein lang gehegter Wunsch kann jetzt in Erfüllung gehen. Die Zeit hilft Ihnen, das Beste aus Ihren Möglichkeiten zu machen.

10 DIE ROANE-MEERJUNGFRAU

SCHLÜSSELWORT: Gesundheit

Die sanfte Roane-Meerjungfrau, die die Robben beschützt, prophezeit Ihnen, dass von jemand in hoher Position Hilfe kommt. Zögern Sie nicht, die nötige Unterstützung zu suchen, zeigen Sie Mut, denn die Flut von Verbesserungen ergießt sich zu Ihrem Vorteil. Sie befinden sich in einer glücklichen und blühenden Situation. Die Roane-Meerjungfrau, die so gerne die Fischer ärgert, verspricht, dass Ihre Pläne nicht durchkreuzt werden. Die ständig bewegte See zeigt an, dass Sie nicht unter Stillstand leiden werden. Sie vermeiden Verwicklungen, wenn Sie zügig vorangehen und sich auf das konzentrieren, was getan werden muss. Sie wissen, was Sie wollen und finden den Weg.

11 DIE UNDINE

SCHLÜSSELWORT: eine Chance

Sie hören von einer unglaublichen Geldgeschichte. Was Sie erfahren, scheint viel zu gut, um wahr sein zu können, möglicherweise ist es das aber tatsächlich. Mischen Sie sich nicht in die Angelegenheiten anderer ein, Sie könnten in die größten Schwierigkeiten geraten. Die Undine ist eine wunderschöne Wassernymphe mit fließendem langen Haar, sie empfiehlt Ihnen den Weg des geringsten Widerstands, um aus einer schwierigen Situation wieder zu entkommen. Wenn Sie jederzeit alle Anforderungen erfüllen, werden Sie Ihr Ziel erreichen. Sie schwimmen in einem Meer von Möglichkeiten und Gelegenheiten, wenn Sie bei einem Wagnis Ihrem Herzen folgen.

12 OCEANUS

SCHLÜSSELWORT: Erwerbung

Oceanus, der alle Meere, Flüsse, Quellen und Brunnen erschaffen hat, sagt voraus, dass ein Herzenswunsch oder ein Projekt, das Sie vollenden wollten, am Ende wieder völlig offen ist. Ihr Leben wird so ideal, wie Sie es sich vorstellen. Menschen oder Dinge, die Sie bisher vermisst haben, kreuzen Ihren Weg und werden zum Mittelpunkt Ihres Lebens. Sie sind viel erfolgreicher, als Sie glauben. Sie haben jede Chance, ein Star zu werden, denn Oceanus hat alle Sterne geschaffen, bis auf einen. Ein ruhiges Gewissen und viel Freude spiegeln den Erfolg wider, wenn Sie Ihr Ziel erreichen. Greifen Sie nach den Sternen, denn Sie können Unmögliches möglich machen.

13 LORELEI

Schlüsselwort: Sieg

Die Lorelei ist eine für ihre Schönheit und große Weisheit bekannte Herrin über das Schicksal und sagt Ihnen einen Sieg voraus. Sie sehen einer positiven Zukunft entgegen, weil Sie wie die Rheinsirene Lorelei Richtiges und Falsches unterscheiden und das Schicksal anderer gut beurteilen können. Sie spinnen wie die Lorelei ebenfalls die Muster Ihres zukünftigen Lebens und weben Ihr eigenes Glück. So wie die Lorelei magische Geschenke anbietet, um im Leben zu helfen, so kann eine Entscheidung, die Sie treffen, Ihre Zukunftschancen steigern. Jemand verehrt Sie. Folgen Sie Ihrer Intuition, die Lorelei ist ein Wassergeist, dem Trinkopfer gebracht werden.

14 DIE SIRENE

Schlüsselwort: Entscheidung

Sie erhalten eine Einladung von jemand, der Ihnen nahe steht, und die Sie kaum ablehnen können. Sie sollten die Menschen akzeptieren, die bewusst und gern zu Ihnen kommen, und die anderen, die sich zieren, sollten Sie ziehen lassen. Eine Beziehung kann nicht richtig klappen, wenn sie falsch beginnt. Gerüchte führen dazu, dass Sie die Ehrlichkeit eines anderen hinterfragen, hinter seiner Freundlichkeit könnte die Falschheit lauern. Sie werden wie die Sirene die Stimmung verzaubern, aber nicht durch eine Leier oder Flöte, sondern durch genaue Beobachtung. Aber Vorsicht! Wer sich einer Sirene zu sehr nähert, kehrt nie zurück.

15 DIE DREI RHEINTÖCHTER

SCHLÜSSELWORT: Rückkehr

Ein Abschnitt Ihres Lebens entwickelt sich zu einem Kreis. Die drei Rheintöchter, die als Symbol gelten für die Liebe als Erlösung, versprechen, dass eine Liebe, die Sie voreilig zurückgewiesen haben, zu Ihnen zurückkommt und Ihr Herzenswunsch in Erfüllung geht. Nur bei entsagender Liebe wird derjenige, der das Rheingold zu einem Ring formt, zum Herrscher der Welt. Die Gier nach Macht und Reichtum zerstört die Liebe. Wenn aber die Liebe sich durchsetzt, zerstört sie Macht und Reichtum all derer, die nur nach Gold suchen. Wahres Gold ist das Wissen um die unendliche Liebe. Sie triumphiert am Ende über alles.

16 DER NEREID

SCHLÜSSELWORT: Fairness

Mit väterlicher Gewissheit sagt der Nereid, ein freundlicher, hilfsbereiter alter Mann des Meeres, voraus, dass die Zeit sich zu Ihren Gunsten ändert. Jemand bietet Ihnen unerwartet Chancen und Rat und Hilfe auf Ihrem Weg. Wenn Sie anpassungsfähig sind und fair bleiben, nutzen Sie vertrauensvoll die Wechselmöglichkeiten und Gewinne bei diesem Spiel. Viele Dinge können nun umgewandelt werden, Sie sind jetzt so voller Kraft wie die schöne weibliche Nereide, die einen Mann heiraten und sich in einen Fisch, ein Tier, eine Flamme oder in eine Welle verwandeln kann. Ihr Wille ist leicht durchsetzbar und Ihre Wünsche werden Realität, haben Sie also Vertrauen.

17 MELUSINE

SCHLÜSSELWORT: Schock

Sie können hellsehen, besonders bei Vollmond – genau wie Melusine, die sich bei jedem Vollmond vom Menschen in eine Meerjungfrau verwandelt. Sie entdecken vielleicht ein schockierendes Geheimnis oder erkennen die Wahrheit nach einer Täuschung. Eine sofortige Reaktion kann die Situation entschärfen. Melusine symbolisiert einen plötzlichen Schrei der Verzweiflung. Als ihr Ehemann sein Versprechen brach und durch das Schlüsselloch ihren Fischschwanz entdeckte, schrie sie auf und warf sich in den Fluss Alzette, um für immer eine Meerjungfrau zu bleiben. Wenn noch nichts verloren ist, fahren Sie also besser, wenn Sie ruhig bleiben.

18 DIE RUSALKA

SCHLÜSSELWORT: Spaß

Anpassungsfähigkeit ist der Schlüssel zu Ihrem Erfolg. Glänzende Möglichkeiten werden Ihnen von den Rusalka vorhergesagt, die im Sommer in einem leichten Nebel an Land in Erscheinung treten. Ihr Zauber wird jemand ganz Bestimmtes mit Sicherheit verhexen oder ein Ereignis krönen. Ein Anruf von einer gleichgesinnten Person kommt zur rechten Zeit und führt zu Reichtum, denn dort, wo die Rusalka tanzen, wachsen und gedeihen Gras und Korn. Die Rusalka werden Sie auch auf eine Party, eine Veranstaltung oder auf ein Treffen begleiten, wo Sie sich mit jedem amüsieren, auf Wolken schweben und immer ein Lied auf den Lippen haben.

19 Der Kelpie

Schlüsselwort: Vorsorge

Sie werden eine bestimmte Situation meistern und alles erreichen, was gut und richtig für Sie ist. Sie durchschauen nämlich die Dinge. Immer selbstbeherrscht wie ein Kelpie, ein Wasserpferd, das seine Form verändern und als Mensch erscheinen kann, wissen Sie die Macht einzuschätzen, die von Ihnen ausgeht. Sie rücken konsequent alles zurecht und gestalten es nach Ihrem Willen. Jeder, der ein Kelpie bändigen möchte, wird seine Kraft zu spüren bekommen. Sie rasen mit großer Geschwindigkeit voran und haben nur das Ziel im Auge. Blicken Sie nicht nach rechts oder links, denn der Kelpie kann einen Menschen herunterziehen und ihn zerstören.

20 Die Asrai

Schlüsselwort: Entdeckung

Die Asrai ist ein elementarer Geist, der an geheimen Orten neben verborgenen Schätzen lebt. Er offenbart Ihnen, dass Sie magische Kräfte besitzen, die Ihnen in der Zukunft Schätze bescheren. Sie finden Ihr verborgenes Talent in Ihren Träumen: Perlen der Weisheit, finanzieller Reichtum und wertvolle Geschenke breiten sich vor Ihnen aus. Überraschungen wie Schmuck, Antiquitäten, neue Kleidung oder ein Ausbildungszeugnis stehen Ihnen bevor. Wie die Asrai sind Sie mit der Fähigkeit ausgestattet, Dinge in Bewegung zu bringen oder zu ändern, um damit jeden glücklich zu machen. Und so wie sich Asrai in einen Menschen verlieben kann, so geht es auch Ihnen.

21 DER FELSEN DER JUNGFRAU

SCHLÜSSELWORT: Vereinigung

Ihre Gebete werden erhört werden. Sie werden vorantreiben, was für Sie unendlich wichtig ist und letztendlich den Platz erreichen, den Sie sich gewünscht haben. Der Felsen der Meerjungfrau offenbart Ihre latenten Möglichkeiten: Erziehung und eine Vielzahl von Läuterungen bringen in Ihnen das Heilige und Mystische zum Klingen, das Ihnen dann Stabilität und inneren Zusammenhalt gibt, ein Ausdruck des Göttlichen, der solide und ewig ist und niemals wechselt. Dieser Gewinn basiert auf der tief verwurzelten Stärke und dem unverrückbaren Fundament Ihres Glaubens. Der Felsen der Meerjungfrau symbolisiert den Sitz der Vorfahren, die Segen und Hilfe bringen.

22 DIE TEICHNIXE

SCHLÜSSELWORT : Wachsamkeit

Die Teichnixe ist eine Bewohnerin des Mühlenteichs und vertritt die Gerechtigkeit. Sie empfiehlt Ihnen Vorsicht und Vorsorge, weil Sie für einen kleinen Nutzen einen größeren Plan in Frage stellen könnten. Ihr Kamm symbolisiert Aussöhnung, ihre Flöte inspiriert die Liebe und ihr goldenes Spinnrad repräsentiert die nötige Kraft, um ein neues Leben anfangen zu können. Ihre Liebe wird ein gutes Ende finden, entweder mit jemandem, von dem Sie sich entfremdet hatten, oder mit einem neuen Partner. Finanziell wird es Ihnen gut gehen oder Sie erhalten eine Einladung, die mit Geld verbunden ist. Was Sie haben, haben Sie. Folgen Sie Ihrem Herzen, setzen Sie Ihr Ziel hoch an!

23 DAS FISCHKIND

SCHLÜSSELWORT: Leichtfertigkeit

Ihr Wunsch wird in Erfüllung gehen. Das Fischkind, das für große Wünsche zuständig ist, verspricht es Ihnen. Geduld und Zeit führen zu einem turbulenten Wechsel zu Ihren Gunsten. Es gibt eine Verbindung zwischen dem, was Sie sehen können, und dem, was sich Ihren Blicken entzieht, sich aber dennoch entwickelt. Warten Sie in Ruhe ab, bis sich die Wogen geglättet haben. Unvorbereitet einfach ins kalte Wasser zu springen kann gefährlich werden. Wenn Sie Ihre Pflichten kennen und bereit sind, sie zu erfüllen, können Sie beruhigt durchs Leben gehen. Viele Schätze liegen bereit, manche geheimnisvoll und mysteriös, andere handfest und greifbar.

24 JUNGFRAUS HANDSCHUH

SCHLÜSSELWORT: Mitwisser

Der Handschuh der Meerjungfrau ist ein großer Schwamm mit Ästen, die wie Finger aussehen. Er offenbart, dass jemand erklärt, Ihnen voll zu vertrauen. Ein naher Bekannter kommt Ihnen noch näher. Finden Sie heraus, ob jemand anders eine Herausforderung sucht, um sich mit Ihnen anzulegen. Wenn Sie vor einem Hinterhalt sicher sind, sollten Sie den friedlichen Wettkampf akzeptieren, einen anderen Weg gibt es in dieser Angelegenheit nicht. Für ein bisschen Freundlichkeit werden Sie gut belohnt. Sie erreichen einen steilen Gipfel, wenn Sie herausfinden, was wirklich verlangt wird. Sie sind der Sieger in jedem Duell.

25 MEERJUNGFRAU STRONKARL

SCHLÜSSELWORT: Anziehungskraft

Ein musikalischer Wassergeist, die Stronkarl-Meerjungfrau, verspricht Ihnen eine Romanze. Seien Sie bereit für einen Kontakt mit jemandem, der Ihre Welt bereichern wird. Die ein neues Projekt betreffenden Neuigkeiten kommen wie ein süßes Lied zu Ihnen, erfüllen Ihren Herzenswunsch und schaffen Harmonie mit all Ihren Mitmenschen. Ihre Aktivitäten werden bei allen ein Echo hervorrufen, die unerwartet oder spontan zu Ihnen stoßen. Suchen Sie nach den wirklichen Werten in Ihrer Zukunft und finden Sie eine neue Richtung im Leben. Dazu gehört vielleicht eine Reise übers Meer und der Bruch mit alten Gewohnheiten, um etwas Frisches zu beginnen.

26 DER VODYANOI-GEIST

SCHLÜSSELWORT: Verwandlung

Blicken Sie in die Zukunft und gehen Sie davon aus, dass sie gut wird. Große Verabredungen mit vielen bedeutenden Personen werden Ihnen prophezeit, denn Vodyanoi sammelt große Zahlen. Als unsterblicher Geist der Seen, Teiche, Bäche und Flüsse verrät er, dass Sie und Ihr Leben wie er selbst etwas ganz Besonderes sind. Die Mitmenschen um Sie herum wechseln ebenso wie die Gefühle, die jemand für Sie hegt. Eine neue und feste Beziehung erscheint nach einem höchst ungewöhnlichen Treffen. Der Vodyanoi wechselt die Form und die Farben und meint damit, dass Sie vielleicht Ihre Erscheinung oder Ihren Stil ändern könnten. Ihre Kraft lässt Sie große Dinge erreichen.

27 DER POTTWAL

Schlüsselwort: Verständnis

Der Pottwal offenbart, dass Sie einen tief greifenden Wechsel erwarten können, etwa wie der Prophet Jonah, der von seinem Unterbewusstsein verschlungen wurde, bevor er aus dem Maul des Wals in ein neues Licht geschleudert wurde. Als größter Räuber mit dem größten Gehirn im Tierreich deutet der Wal an, dass Sie erreichen, was Sie sich in den Kopf gesetzt haben, und dass es Ihnen viele Jahre gut geht. Der Pottwal kann lange und sehr tief tauchen, was bedeutet, dass Sie einer Sache auf den Grund gehen und beharrlich dran bleiben müssen. Während sich neue lang anhaltende Freundschaften bilden, steigt Ihr Interesse an romantischen Erlebnissen.

28 DER TÜMMLER

Schlüsselwort: Erfahrung

Der Tümmler, ein schwimmendes Wesen der Küstengewässer, prophezeit, dass Sie auf dem Kamm einer wundervollen Welle reiten. Ihr Erfolg liegt darin, sich auf ein Ziel zu konzentrieren und nur nach Ihren Vorstellungen zu leben. Wie der Tümmler schwimmen Sie leicht durchs Leben, um Ihre eigenen Erfahrungen zu sammeln. Anders zu sein als andere ist ein Schatz, den Sie hüten sollten. Seien Sie sicher, dass das ruhige Wasser, das auf Sie wartet, Ihnen eine gute Zukunft bringt ohne Mangel und Sorgen. Ihr Glück ist ein Geschenk aus der Tiefe des Meeres. Wenn Sie alles unter Kontrolle halten und auch einmal riskieren, etwas zu verlieren, werden Sie viel gewinnen.

29 DER GROSSE TÜMMLER

SCHLÜSSELWORT: Schutz

Überraschende Neuigkeiten ermöglichen einen erneuten Start. Sie brauchen nichts zu befürchten, auch wenn Sie das Gefühl haben, man habe Ihnen den Boden unter den Füßen weggezogen. Der Große Tümmler fühlt sich verpflichtet, einen unglücklichen Gefährten über Wasser zu halten. Hilfe ist in Sicht, vielleicht von Ihrer Mutter oder von Freundinnen. Für eine kraftvolle neue Erfahrung werden Sie einfach ans Tageslicht gehoben wie ein neugeborenes Delfinbaby, das von seiner Mutter und ihren Begleiterinnen an die Wasseroberfläche getragen wird, damit es seinen ersten Atemzug tun kann. Ähnlich ist es mit der Unterstützung für Sie.

30 DER STREIFENDELFIN

SCHLÜSSELWORT: Glück

Aus der Tiefe Ihrer Seele verdienen Sie die Hilfe, um die Sie gebeten haben. Sie werden nach einem brillanten Angebot vor Glück in die Luft springen. Der anmutige Streifendelfin, der so gern schnelle Schiffe begleitet und vor Freude aus dem Wasser springt, verspricht Ihnen aus blauem Himmel heraus eine tolle Überraschung. Ein neuer Job, die Versetzung in eine höhere Klasse oder eine Reise zu warmen und sonnigen Zielen mit hunderten oder tausenden Mitreisenden lautet die Prophezeiung. Der Streifendelfin rät Ihnen, nicht zum Nachzügler zu werden wie ein Fisch, der den Anschluss verliert und sich in den vielen Thunfischnetzen verfängt.

31 DER BUCKELWAL

SCHLÜSSELWORT: Brennpunkt

Der Buckelwal lebt im Sommer in den Polargewässern und im Winter in tropischen Meeren, er verspricht eine Reise in kältere oder wärmere Gefilde, die von einem Freund, einem Familienmitglied oder einem Geschäftspartner angeboten wird. Jemand, den Sie auf der Reise kennen lernen, könnte versuchen, Sie zu verführen, sucht aber nur ein Abenteuer. Ein Walbulle singt sein Liebeslied, um eine Partnerin zu finden, spielt einen Tag das verliebte Pärchen und schwimmt dann davon, um sich mit einem ganzen Harem zu paaren. Viele Bewunderer werden Sie umschwärmen, achten Sie aber auf deren Motive.

32 DER GRAUWAL

SCHLÜSSELWORT: Größe

Lüften Sie durch und bereiten Sie ein herzliches Willkommen vor. Der Grauwal, der zu den Menschen schwimmt und ihnen erlaubt, näherzukommen, prophezeit, dass jemand ganz seltsam und plötzlich auftaucht. Sie beginnen eine neue Beziehung, ein neues Projekt, einen neuen Job, einen Fortbildungskurs oder ziehen um, Dinge, die lange anhalten und auf Jahre Ihr Leben bestimmen. Sie werden in Ihrem Leben viel herumkommen, um voranzukommen. Nichts können Sie genau voraussehen, denn die Wanderung der Blauwale ist die größte aller Säugetiere, 20 000 km von den Winter- zu den Sommerplätzen und zurück.

33 DER BELUGAWAL

Schlüsselwort: Überlegenheit

Der Belugawal, der nur in den kalten arktischen Gewässern lebt, symbolisiert, dass Sie immun sind gegen schlechte Einflüsse. Der Beluga kann seinen Kopf bewegen wie kein anderer Wal, was ausdrückt, dass Sie mit Ihrem wachen Geist die Vielzahl der Möglichkeiten um sich herum erkennen und jede schwierige Situation dahinschmilzt. Wenn Sie hinter die Oberfläche blicken, werden Sie wie ein Beluga häufig lachen müssen, denn dieser Wal kann seine Gesichtsmuskeln schelmisch bewegen und viele Empfindungen zum Ausdruck bringen. Schon die kleinsten Äußerungen von Ihnen führen zu interessanten Gesprächen.

34 DER ORCA

Schlüsselwort: Klugheit

Sie könnten in Gefahr sein, betrogen zu werden. Schauen Sie hinter die Fassade, die Ihnen präsentiert wird. Die weißen Flecken auf dem schwarzen Rücken des Orcas lassen ihn schmaler erscheinen, täuschen seine Beute und erleichtern ihm den Angriff. Sie brauchen einen klaren Kopf, um mit Ihrem gerissenen Gegner umzugehen. Positive Gefühle gegenüber dem Orca sind nicht unbedingt angebracht, ist dieses Raubtier doch die einzige Walart, die sich gegenseitig auffrisst. Ihre Zukunft wird glücklich sein. Der Orca überlistet nämlich seine Beute ganz leicht und passt sich allen Umweltbedingungen und jeder möglichen Nahrung an.

35 DER NARWAL

SCHLÜSSELWORT: Erfolg

Haben Sie Selbstvertrauen und beweisen Sie Ihren Rivalen, dass Sie so etwas sind wie der Stoßzahn des Narwals, dann sind Sie nämlich mehr wert als Ihr Gewicht in Gold. Eine Unterströmung bringt Ihnen in einer Angelegenheit Erfolg, die Sie unnötig belastet hat. Die Zukunft verspricht viel besser zu werden, weil Sie einen perfekten Hit abliefern mit dem, was Sie gerade aufbauen.. Die magischen Kräfte des Narwals zeigen an, dass Sie eine schlimme Lage meistern und dass ein Konflikt beigelegt wird, bevor er problematisch wird. Gehen Sie offen auf Ihr Ziel zu und verzichten Sie lieber auf einen Wunsch, als sich mit einem faulen Kompromiss zufrieden zu geben.

36 DER GRINDWAL

SCHLÜSSELWORT: Freiheit

Grindwale retten Seeleute und entdecken nicht explodierte Minen. Und einer von ihnen reicht Ihnen jetzt die Hand zur Hilfe. Wenn Ihr Verhalten Sie selbst oder andere verwirrt, dann sollten Sie sich fragen, ob Sie wirklich mit ganzem Herzen bei der Sache oder ob Sie vielleicht auf dem Holzweg sind. Stoppen Sie eine Entwicklung, wenn Sie merken, dass die Fortführung sinnlos ist Der Grindwal und alle anderen, die einem Anführer blind folgen, stranden an einer gefährlichen Küste und ersticken. Was Sie erreichen, ist das Ergebnis einer sorgfältigen Planung und eines instinktiven Wissens, dem Sie vertrauen können. Machen Sie das Beste aus allem.

37 DAS GROSSE SEEUNGEHEUER

SCHLÜSSELWORT: Triumph

Sie können jetzt eine schlechte Situation überwinden und aktiv werden, damit sie sich nicht verschlimmert. Das große Seeungeheuer, das die kosmischen Kräfte einen Schritt vor dem Chaos symbolisiert, zeigt an, dass die Gefahr abgelenkt werden kann. Es befreit das Bewusstsein aus dem Griff der dunklen unterbewussten Kraft, die in einer unausgeglichenen Psyche gewütet hat. Sie werden einen glänzenden Sieg davontragen, wenn das Licht Ihres Bewusstseins über die Dunkelheit Ihres Unterbewusstseins triumphiert. Jeder, der Unehrliches gegen Sie vorhat, wird untergehen. Es gibt mehr als einen Weg aus einem Dilemma. Suchen Sie!

38 DER KRAKE

SCHLÜSSELWORT: Loslassen

Die Gezeiten wechseln und mit der Flutwelle kommt die positive Zukunft, ein Problem oder eine unbefriedigende Situation ist überwunden. Der Krake symbolisiert den Kampf des freien Bewusstseins mit dem Monster des Unterbewussten. Gerade wenn das Meer seine Geheimnisse am besten hüten möchte, entwickeln Sie Ihre Fähigkeiten und Ihre Kraft, in Ihr tiefstes Innere wie in die Tiefe des Ozeans zu blicken. Zum Meer zurückzukehren ist wie die Rückkehr zur Mutter, wie die Rückkehr zur Natur, die Quelle allen Lebens im Herzen Ihres Wesens. Die ewigen Gezeiten mit Ebbe und Flut versprechen Kontinuität. Sie reiten auf Wellen des Glücks.

39 DIE GROSSE SEESCHLANGE

SCHLÜSSELWORT: Gesundheit

Die große Seeschlange repräsentiert die Weisheit der Tiefe, sie offenbart, dass Sie wie die Schlange die Gabe der Vorahnung haben. Sie können mit Ihrer Intuition den Kern und die Wahrheit einer Situation erkennen, als würden Sie einen verborgenen Schatz entdecken. Eine Offenbarung gibt Ihnen den Glauben an die Welt zurück und verhindert, dass Sie Ihre Träume aus profanen Gründen aufgeben müssen. Als Wächterin der Quelle des Lebens und der Ewigkeit zeigt die Schlange, dass Sie eine neue Beziehung oder ein neues Leben beginnen, frei von den Belastungen der Vergangenheit werden Sie ein höheres Glück erreichen.

40 DER BLAUWAL

SCHLÜSSELWORT: Freiheit

Der Blauwal, das größte Tier, das je gelebt hat, zeigt ein folgenreiches Ereignis am Horizont. Was passieren wird, macht Sie frei und unabhängig, um die Welt zu entdecken. Die Farbe Blau symbolisiert Vertrauen, Treue, Reinheit und Loyalität. Sie werden sehr schnell jeden Widerstand überwinden, der Ihnen im Weg steht. Die wohlverdienten Ziele Sicherheit, Gelassenheit und Zufriedenheit erwarten Sie. Dass der Blauwal sich in kälteren Gewässern erst einmal Speck anfrisst, um dann in wärmeren Zonen seine Jungen zur Welt zu bringen, zeigt, dass eine gute Vorbereitung Früchte bringt. Große Schätze erwarten Sie.

41 DER NORDKAPER

SCHLÜSSELWORT: Vorsicht

Sie müssen Ihre Urteilsfähigkeit weiter entwickeln, wenn Sie nicht zum Verlierer werden wollen. Nehmen Sie sich in Acht vor jemandem, der überall Verpflichtungen hat. Der Nordkaper-Wal, ein langsamer Schwimmer in den Küstengewässern, war eine leichte Beute für die Walfänger, die ihn fast ausgerottet haben. Die Gefahr können Sie vermeiden, indem Sie energisch in Angriff nehmen, was nötig und richtig ist. Rufen Sie sich Ihre Ziele ins Gedächtnis. Enge Freunde und Verwandte erleichtern Ihnen das Leben. Stellen Sie fest, was wirklich wichtig ist und Sie werden eine glückliche Phase und eine Position der Stärke erreichen.

42 DER GEMEINE DELFIN

SCHLÜSSELWORT: Hellsehen

Die Dinge, die Sie sich wünschen, warten in der Ferne. Wenn Sie rechtschaffen leben, werden Ihre Wünsche in Erfüllung gehen. Nach den Gesetzen des Universums bringen Gedanken Liebe oder Hass zurück, wobei Hass nicht in Ihrer Natur liegt. Haben Sie Vertrauen in Ihre Intuition, sie ist noch wichtiger als das Fingerspitzengefühl, das man täglich braucht. Der Gemeine Delfin symbolisiert, dass der gesunde Menschenverstand der Punkt ist, an dem sich die fünf Sinne Sehen, Hören, Schmecken, Riechen und Tasten treffen, um etwas zu beurteilen – und das ist die Intuition. Folgen Sie Ihrem Verstand, Ihrer Seele und Ihren fünf Sinnen.

43 Proteus der Meergreis

Schlüsselwort: Wahrnehmung

Der Meergreis kann die Zukunft vorhersehen und warnt, wenn er gefangen und dazu gezwungen wird, vor jedem Unternehmen, das Belastungen mit sich bringt. Hüten Sie also Ihre Interessen, genauso wie es Proteus Aufgabe war, die Robbenherde von Poseidon zu hüten. Wenn Sie nicht aufpassen, kann Ihnen sonst plötzlich das Wasser bis zum Halse stehen. Die bis jetzt nicht ersichtliche Wahrheit in einer Situation zu erkennen kann ebenso schwierig sein wie den Meergreis zu fangen, weil er seine Gestalt ganz schnell in einen Löwen, einen Drachen, einen Panther, einen Baum oder in Feuer verwandeln kann. Ihre Erfolge in der Zukunft liegen in Ihrer Vielseitigkeit.

44 Der gefleckte Delfin

Stichwort: Glück

Der gefleckte Delfin oder Fleckendelfin verspricht Ihnen Freudentage und eine Ferieneinladung. Von einer bestimmten Person erhalten Sie gute Nachrichten. Der gefleckte Delfin verfügt über exzellente Möglichkeiten, Hochfrequenztöne zu empfangen, das bedeutet für Sie, dass Ihre unausgesprochenen Gedanken einen telepathischen Einfluss haben auf eine gleichgesinnte Seele. Durch seine schwarzen und weißen Flecken auf dem Rücken verschmilzt der Fleckendelfin optisch mit der Meeresoberfläche und sein weißer Bauch tarnt ihn von unten. Das bedeutet für Sie, dass Ihr Ruf erhört wird, auch wenn Sie beim Rufen verborgen waren. Gemeinsames Glück wartet auf Sie.

45 DER SCHWARZE DELFIN

SCHLÜSSELWORT: Anerkennung

Der schwarze Delfin prophezeit Ihnen, dass Sie eine neue Gruppe von Freunden finden. Sie werden bestärkt, Ihre originellen Ideen voranzutreiben. Der schwarze Delfin repräsentiert den Urzustand des Unterbewusstseins: die Inspiration und Intuition des Geistes als gleißendes Licht des Übernatürlichen. Förderung und Erfolg stellen sich ein, wenn Sie Ihre Möglichkeiten und Kompetenzen einsetzen. Sie erreichen den Hafen der Anerkennung und entdecken Ihr Selbstbewusstsein. Die Wahrscheinlichkeit von störenden Einflüssen ist gering, wenn Sie die ebenfalls symbolisierten Eigenschaften wie Umsicht, Weisheit und Ausdauer beherzigen.

46 DER STUNDENGLASDELFIN

STICHWORT: Trennung

Der Stundenglasdelfin zeigt an, dass für Sie genau die richtige Zeit gekommen ist, um ein Ziel zu erreichen. Als Mahner an die Sterblichkeit drückt der Stundenglasdelfin die Vergänglichkeit von Zeit und Leben aus. Als Symbol der ewigen Wiederkehr empfiehlt er, abends früh schlafen zu gehen und für genügend Erholung zu sorgen, damit die kosmischen Energien positive Gelegenheiten schaffen können. Eine nachts entstandene Idee kristallisiert sich im Licht des Tages klar heraus. Die kreuzförmigen Flecken auf den Flanken des Delfins unterteilen zwei weiße Bereiche, die damit anzeigen, dass Sie sich Ihre Zeit weise einteilen können.

47 SCYLLA UND CHARYBDIS

Schlüsselwort: Vorsicht

Sie könnten zwischen zwei schicksalsschweren Aufgaben hin und her gerissen sein oder von zwei gleichgroßen Gefahren bedroht werden. Um einem Problem zu entgehen, fallen Sie in die nächste Schwierigkeit. Scylla und Charybdis sind ausgewachsene Monster: Scylla hat sechs Hälse, sechs Köpfe und eine dreifache Reihe von Zähnen, um Unschuldige zu fressen, und Charybdis ist ein Strudel, der Schiffe verschlingt. Sie zeigen an, dass Sie im Begriff stehen, auf eine falsche Situation hereinzufallen. Wenn Sie zwei Meinungen über ein Problem haben, sollten Sie auf die Gefahrensignale achten. Wenn Sie Ihre Prinzipien hochhalten, ist es leichter, zu überleben.

48 SEDNA, DIE MEERESGÖTTIN

Schlüsselwort: Unbescholtenheit

Die Meeresgöttin Sedna beschützt Sie und gewährt Ihnen ein glückliches, gesundes, langes Leben in Wohlstand. Ihr Einfluss fördert Ihre intuitive und instinktive Güte, Aufmerksamkeit, Erziehung und natürliche Ernährung. Über die Wellen des Meeres gleitet sie in einem goldenen Streitwagen, da gibt es keine konfliktträchtigen Tendenzen. Solange Sie sauber und anständig bleiben, wird der weiße Schaum der Wellen, auf denen Sie reiten, die Meeresströmung unterstützen, die alle Widrigkeiten vor Ihnen wegspült. Wenn Sie die richtige Wahl treffen, wird sich Ihre Zukunft verbessern, das beginnt mit einer Welle von aufregenden Gelegenheiten. Das Glück winkt Ihnen zu.

49 DER WASSERSPRINGER

Schlüsselwort: Erhöhung

Der Wasserspringer ist eine gigantische geflügelte Kröte, die Ihnen offenbart, dass Ihre Phantasie und Ihre Intelligenz Ihnen eine geistige Erhöhung und die Erkenntnis von Recht und Gerechtigkeit bringt. Dieses wandlungsfähige Wesen prophezeit Ihnen, dass Ihre guten Taten ihren Lohn und Nutzen mit sich bringen. Fasziniert von reißenden Angelschnüren empfiehlt der Wasserspringer, eine falsche Beziehung zu lösen oder eine Idee fallen zu lassen, die Ihrer Weiterentwicklung diametral entgegensteht. Eine einzige Entscheidung kann mehr ändern, als Sie glauben. Ihr Leben wird sich dann zum Guten wenden, und zwar in einer Weise, die Sie gar nicht ahnen konnten.

50 DIE VATEA

Schlüsselwort: Erkenntnis

In einer Liebesbeziehung sind Sie imstande, Wunder zu vollbringen. Vatea repräsentiert die unschuldige Jungfrau und ist ein Wesen halb Frau, halb Delfin. Sie werden nicht nur einen Fremden kennen lernen, auch jemand, den Sie schon kennen, möchte mehr von Ihnen. Als Symbol der Tugend und Keuschheit, der Beharrlichkeit der Natur und der Rückbesinnung auf den Schatz des Unterbewussten sagt Vatea Ihnen, dass Sie nur zu warten brauchen, bis sich vor Ihren freudigen Augen etwas ganz Besonderes entwickelt. Sie schweben auf Wolken, denn alles verbessert sich für Sie. Sie kommen in einen Lebensabschnitt, von dem man nur träumen kann.

51 DER HOOPER

SCHLÜSSELWORT: Einigkeit

Einen willkommenen neuen Abschnitt hält das Schicksal für Sie bereit. Der Hooper ist ein gutmütiger Geist, der in dicken Nebel gehüllt die Fischer vor Stürmen warnt und der Ihnen prophezeit, dass Sie mit jemandem etwas Kreatives beginnen, was Sie beide im höchsten Maße interessiert. Der Hooper symbolisiert das Zusammenkommen verschiedenster Elemente. Stürme treiben manchmal die Fischschwärme zum Strand, wo sie dann leichter gefangen werden können – das soll bedeuten, dass Sie einen guten Gewinn machen oder etwas zu Ihrem Vorteil verschwindet. Machen Sie lieber zwei kleine Schritte in die richtige Richtung als einen großen in die falsche.

52 NINGYO

SCHLÜSSELWORT: Mut

Wenn Sie Mut fassen und Missstimmungen, Verzagtheit und schlechte Laune vermeiden, werden Sie Ihre Wünsche erreichen. Dabei hilft Ihnen Ihr guter Geschmack. Jemand biedert sich an und möchte von Ihnen gelobt werden, meint es aber weder mit Ihnen noch mit anderen ehrlich. Die Ningyo repräsentiert die Überwindung der Niedertracht und die Aufgabe aller niedrigen Widerstände für ein höheres Ziel. Es ist ein psychisches Wesen und bedeutet das Erkennen der reinen Wahrheit, wenn man den Geist zur ursprünglichen Unschuld zurückführt. Ningyo rät, ganz bewusst in der Seele zu fischen, um einen Ozean wartender Möglichkeiten zu entdecken.